Datos personales

Esta agenda pertenece a:

👤 _____

✉ _____

📱 _____

El Arcángel que está conmigo en este momento es:

_____

_____

_____

_____

_____

Tania Karam

Una vida con Ángeles

2021

Acepto ser guiado de la manera
más amorosa posible

alamah

Una vida con Ángeles 2021

Primera edición: agosto, 2020

D. R. © 2020, Tania Karam

D. R. © 2020, derechos de edición mundiales en lengua castellana:
Penguin Random House Grupo Editorial, S. A. de C. V.
Blvd. Miguel de Cervantes Saavedra núm. 301, 1er piso,
colonia Granada, alcaldía Miguel Hidalgo, C. P. 11520,
Ciudad de México

www.megustaleer.mx

D. R. © Penguin Random House / Colin Landeros, por el diseño de cubierta
D. R. © Amalia Ángeles / Lucero Vázquez, por el diseño de interiores
Imagen de portada: Johann Michael Rottmayr. *La intercesión de san Carlos Borromeo*, 1729.
Fresco. Karlskirche, Viena, detalle de la cúpula. Fotografía: © G. Clerk / iStockphoto.

ISBN: 978-607-319-536-2

Impreso en México – *Printed in Mexico*

El papel utilizado para la impresión de este libro ha sido fabricado a partir de madera procedente
de bosques y plantaciones gestionadas con los más altos estándares ambientales, garantizando
una explotación de los recursos sostenible con el medio ambiente y beneficiosa para las personas.

Penguin
Random House
Grupo Editorial

365 días
para disfrutar
el momento

2021

enero

L	M	M	J	V	S	D
				1	2	3
4	5	6	7	8	9	10
11	12	13	14	15	16	17
18	19	20	21	22	23	24
25	26	27	28	29	30	31

febrero

L	M	M	J	V	S	D
1	2	3	4	5	6	7
8	9	10	11	12	13	14
15	16	17	18	19	20	21
22	23	24	25	26	27	28

marzo

L	M	M	J	V	S	D
1	2	3	4	5	6	7
8	9	10	11	12	13	14
15	16	17	18	19	20	21
22	23	24	25	26	27	28
29	30	31				

abril

L	M	M	J	V	S	D
			1	2	3	4
5	6	7	8	9	10	11
12	13	14	15	16	17	18
19	20	21	22	23	24	25
26	27	28	29	30		

mayo

L	M	M	J	V	S	D
					1	2
3	4	5	6	7	8	9
10	11	12	13	14	15	16
17	18	19	20	21	22	23
24	25	26	27	28	29	30
31						

junio

L	M	M	J	V	S	D
	1	2	3	4	5	6
7	8	9	10	11	12	13
14	15	16	17	18	19	20
21	22	23	24	25	26	27
28	29	30				

julio

L	M	M	J	V	S	D
			1	2	3	4
5	6	7	8	9	10	11
12	13	14	15	16	17	18
19	20	21	22	23	24	25
26	27	28	29	30	31	

agosto

L	M	M	J	V	S	D
						1
2	3	4	5	6	7	8
9	10	11	12	13	14	15
16	17	18	19	20	21	22
23	24	25	26	27	28	29
30	31					

septiembre

L	M	M	J	V	S	D
		1	2	3	4	5
6	7	8	9	10	11	12
13	14	15	16	17	18	19
20	21	22	23	24	25	26
27	28	29	30			

octubre

L	M	M	J	V	S	D
				1	2	3
4	5	6	7	8	9	10
11	12	13	14	15	16	17
18	19	20	21	22	23	24
25	26	27	28	29	30	31

noviembre

L	M	M	J	V	S	D
1	2	3	4	5	6	7
8	9	10	11	12	13	14
15	16	17	18	19	20	21
22	23	24	25	26	27	28
29	30					

diciembre

L	M	M	J	V	S	D
		1	2	3	4	5
6	7	8	9	10	11	12
13	14	15	16	17	18	19
20	21	22	23	24	25	26
27	28	29	30	31		

Vacaciones, celebraciones y días feriados

Fecha	Celebración
1 de enero	Año Nuevo
6 de enero	Día de los Santos Reyes
2 de febrero	Día de la Candelaria
5 de febrero	Día de la Constitución
14 de febrero	Día del Amor y la Amistad
8 de marzo	Día Internacional de la Mujer
20 de marzo	Día Internacional de la Felicidad
21 de marzo	Comienza la Primavera · Nat. de Benito Juárez
28 de marzo	Domingo de Ramos
1 de abril	Jueves Santo
2 de abril	Viernes Santo
2 de abril	Día Mundial de la Concientización del Autismo
3 de abril	Sábado de Gloria
4 de abril	Domingo de Pascua
7 de abril	Día Mundial de la Salud

Fecha	Celebración
22 de abril	Día de la Tierra
23 de abril	Día Internacional del Libro
1 de mayo	Día del Trabajo
5 de mayo	Batalla de Puebla
10 de mayo	Día de las Madres
20 de junio	Día del Padre
16 de septiembre	Día de la Independencia
21 de septiembre	Día Internacional de la Paz
29 de septiembre	Día de los Arcángeles
1 de octubre	Día Mundial del Vegetarianismo
2 de octubre	Día de los Ángeles de la Guarda
12 de octubre	Día de la Raza
1 de noviembre	Día Mundial del Veganismo
2 de noviembre	Día de los Fieles Difuntos
20 de noviembre	Día de la Revolución Mexicana
12 de diciembre	Día de la Virgen de Guadalupe
25 de diciembre	Navidad
31 de diciembre	¡A celebrar el Fin de Año!

Bienvenido, bendecido y abundante 2021

En este espacio plasmarás todos tus sueños, ideas y proyectos. Esta herramienta la he creado con mucho amor para ti, pues sé que una persona organizada concreta grandes sueños. ¡Ve por ellos!

Este año viene cargado de bendiciones y crecimiento. Tu pasado no te define, eso que antes llamaste "error" es lo que en realidad te va construyendo y enseñando, bendice la experiencia. Es un año en el que todo aprendizaje no comprendido se revela y se transforma en un regalo de abundancia.

Confía en tus habilidades y en tus conocimientos. Date permiso de ser más tú en todas las áreas, eso será muy importante. Recuerda que la abundancia es tu estado natural de ser y que Dios te ha dado lo que necesitas para ser feliz. Ve con alegría a emprender nuevos proyectos, haciendo caso a tu instinto, y acuérdate que tus ángeles te darán tres señales repetitivas para contestar tus preguntas y dudas.

Este año concretas nuevas oportunidades de negocio y distintas compañías iluminan tu camino. Eres un imán de paz, amor y luz, y todo te regresará multiplicado. La frase máxima para este año: ayuda a tu hermano, tú eres él.

¡Así sea, así ya es!

Tania Karam

NOTAS

Enero

Mensaje de
Arcángel Miguel

Por encima de todo mantente decidido
a crecer, por encima de todo mantente
decidido a ver. La verdadera visión
la obtiene quien realmente quiere ver
más allá de todo miedo, ego o plan
personal; la visión más generosa será
traída a ti. Dedica este momento en
silencio a aceptar la guía de este nuevo
año que comienzas. Acepta al visionario
en ti. Tienes toda la protección, el amor
y los recursos que necesitas.

La práctica de cada mes

> ¿Qué reto(s) acepto para este mes? ¡Fuera el autoboicot! ¡Sí puedo!

♡ _____

_____

_____

♡ _____

_____

_____

♡ _____

_____

_____

♡ _____

_____

_____

♡ _____

_____

_____

♡ _____

_____

_____

♡ _____

_____

_____

NOTAS

enero

Lunes	Martes	Miércoles	Jueves
· 4 ·	· 5 ·	· 6 ·	· 7 ·
· 11 ·	· 12 ·	· 13 ·	· 14 ·
· 18 ·	· 19 ·	· 20 ·	· 21 ·
· 25 ·	· 26 ·	· 27 ·	· 28 ·

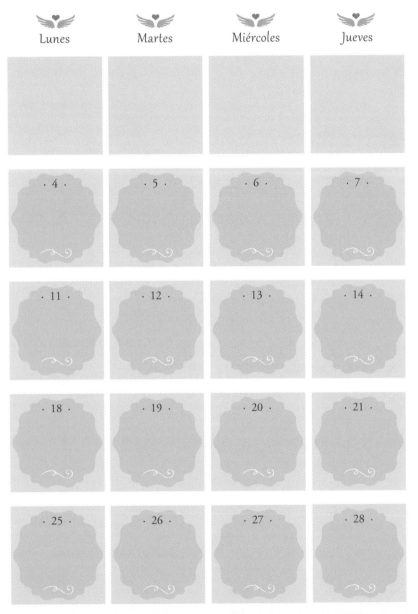

Gracias este mes a mis Ángeles por: ....
....

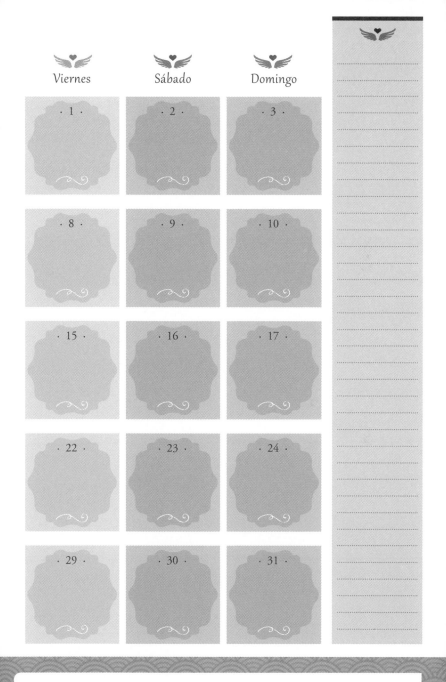

Viernes	Sábado	Domingo	
· 1 ·	· 2 ·	· 3 ·	
· 8 ·	· 9 ·	· 10 ·	
· 15 ·	· 16 ·	· 17 ·	
· 22 ·	· 23 ·	· 24 ·	
· 29 ·	· 30 ·	· 31 ·	

Cosas increíbles por hacer: ....
....

NOTAS

notas

viernes **1**

2 *sábado*

domingo **3**

"El verdadero reto es aplicar tus aprendizajes espirituales
en los conflictos de tu vida diaria."
–Libro *RenaSer*

Organizador semanal

lunes	martes
miércoles	jueves
viernes	fin de semana

Objetivos semanales

- ♡
- ♡
- ♡
- ♡
- ♡
- ♡
- ♡
- ♡

No olvidar

- ♡
- ♡
- ♡
- ♡
- ♡
- ♡
- ♡
- ♡

Menú semanal

Lista de compras

- ♡
- ♡
- ♡
- ♡
- ♡
- ♡
- ♡
- ♡
- ♡
- ♡
- ♡
- ♡
- ♡
- ♡
- ♡
- ♡

LUNES

MARTES

MIÉRCOLES

JUEVES

VIERNES

SÁBADO

DOMINGO

enero

4 *lunes*

5 *martes*

6 *miércoles*

MOTÍVATE

jueves **7**

viernes **8**

9 *sábado*

domingo **10**

"Con cada persona que ayudes a regresar
a la paz, la paz te bendecirá a ti."
–Libro *RenaSer*

Organizador semanal

lunes

martes

miércoles

jueves

viernes

fin de semana

Objetivos semanales

♡
♡
♡
♡
♡
♡
♡
♡

No olvidar

♡
♡
♡
♡
♡
♡
♡

Menú semanal

Lista de compras

- ♡
- ♡
- ♡
- ♡
- ♡
- ♡
- ♡
- ♡
- ♡
- ♡
- ♡
- ♡
- ♡
- ♡
- ♡
- ♡

LUNES

MARTES

MIÉRCOLES

JUEVES

VIERNES

SÁBADO

DOMINGO

11 *lunes*

12 *martes*

13 *miércoles*

jueves **14**

viernes **15**

16 *sábado*

domingo **17**

"Estás frente a tu historia de paciencia y de amor,
una historia de pasos cortos y pasos largos."
–Libro *RenaSer*

Organizador semanal

lunes

martes

miércoles

jueves

viernes

fin de semana

Objetivos semanales

♡
♡
♡
♡
♡
♡
♡
♡

No olvidar

♡
♡
♡
♡
♡
♡
♡
♡

Menú semanal

Lista de compras

- ♡
- ♡
- ♡
- ♡
- ♡
- ♡
- ♡
- ♡
- ♡
- ♡
- ♡
- ♡
- ♡
- ♡
- ♡
- ♡

LUNES

MARTES

MIÉRCOLES

JUEVES

VIERNES

SÁBADO

DOMINGO

18 *lunes*

19 *martes*

20 *miércoles*

SUEÑA

jueves **21**

viernes **22**

23 *sábado*

domingo **24**

"Las grandes piedras talladas por la sabiduría que nos traen
los retos son las verdaderas joyas de la vida."
–Libro *RenaSer*

Organizador semanal

lunes

martes

miércoles

jueves

viernes

fin de semana

Objetivos semanales

♡ _____

♡ _____

♡ _____

♡ _____

♡ _____

♡ _____

♡ _____

♡ _____

No olvidar

♡ _____

♡ _____

♡ _____

♡ _____

♡ _____

♡ _____

♡ _____

♡ _____

Menú
semanal

Lista de compras

- ♡
- ♡
- ♡
- ♡
- ♡
- ♡
- ♡
- ♡
- ♡
- ♡
- ♡
- ♡
- ♡
- ♡
- ♡
- ♡

LUNES

MARTES

MIÉRCOLES

JUEVES

VIERNES

SÁBADO

DOMINGO

25 *lunes*

26 *martes*

27 *miércoles*

RÍE

jueves **28**

viernes **29**

30 *sábado*

domingo **31**

"No quiero llevarte sólo por las etapas del camino espiritual
de una manera teórica, sino de una forma que haga más fácil
aterrizar la enseñanza en tu vida."
–Libro *RenaSer*

Organizador semanal

lunes

martes

miércoles

jueves

viernes

fin de semana

Objetivos semanales

♡
♡
♡
♡
♡
♡
♡
♡

No olvidar

♡
♡
♡
♡
♡
♡
♡
♡

Menú semanal

Lista de compras

- ♡
- ♡
- ♡
- ♡
- ♡
- ♡
- ♡
- ♡
- ♡
- ♡
- ♡
- ♡
- ♡
- ♡
- ♡
- ♡

LUNES

MARTES

MIÉRCOLES

JUEVES

VIERNES

SÁBADO

DOMINGO

NOTAS

FEBRERO

Mensaje de
Arcángel Raguel

El amor está iluminando tu camino el día
de hoy, enfócate en irradiar amor en cada
uno de tus actos. Obsérvate en cada una
de tus relaciones y ofréceles lo mejor de ti.
Tu alegría y tu compasión serán tu mejor
carta de recomendación. Practica nuevas
formas de darte amor, y eso será lo
que cosecharás en todas tus relaciones.
El amor es el camino, el amor es
unión. El que ama y logra ver amor
en el otro en el mismo cielo ya está.

La práctica de cada mes

¿A qué me comprometo conmigo misma (o) para mi crecimiento?

♡ _____

_____

_____

♡ _____

_____

_____

♡ _____

_____

_____

♡ _____

_____

_____

♡ _____

_____

_____

♡ _____

_____

_____

♡ _____

_____

_____

NOTAS

febrero

Lunes	Martes	Miércoles	Jueves
· 1 ·	· 2 ·	· 3 ·	· 4 ·
· 8 ·	· 9 ·	· 10 ·	· 11 ·
· 15 ·	· 16 ·	· 17 ·	· 18 ·
· 22 ·	· 23 ·	· 24 ·	· 25 ·

Gracias este mes a mis Ángeles por: ....
....

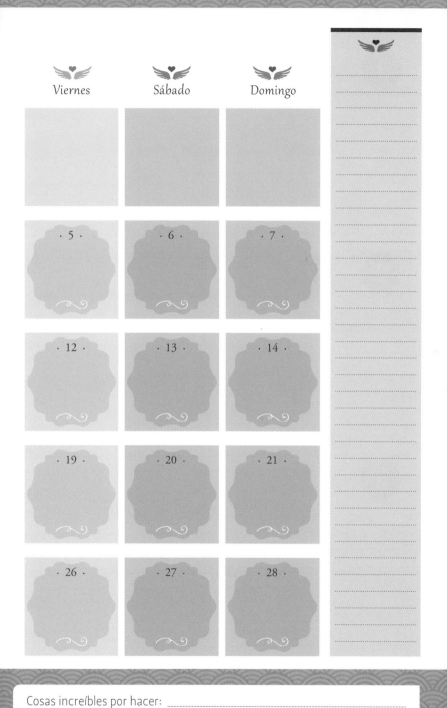

Viernes Sábado Domingo

· 5 · · 6 · · 7 ·

· 12 · · 13 · · 14 ·

· 19 · · 20 · · 21 ·

· 26 · · 27 · · 28 ·

Cosas increíbles por hacer:

1 *lunes*

2 *martes*

3 *miércoles*

REFLEXIONA

jueves **4**

viernes **5**

6 *sábado*

domingo **7**

"Los cambios se darán, la vida acomoda a los personajes
y a las situaciones para que te superes mediante retos."
–Libro *RenaSer*

Organizador semanal

lunes	martes

miércoles	jueves

viernes	fin de semana

Objetivos semanales

♡
♡
♡
♡
♡
♡
♡
♡

No olvidar

♡
♡
♡
♡
♡
♡
♡
♡

Menú semanal

Lista de compras

- ♡
- ♡
- ♡
- ♡
- ♡
- ♡
- ♡
- ♡
- ♡
- ♡
- ♡
- ♡
- ♡
- ♡
- ♡
- ♡
- ♡

LUNES

MARTES

MIÉRCOLES

JUEVES

VIERNES

SÁBADO

DOMINGO

8 *lunes*

....
....
....
....

9 *martes*

....
....
....
....
....

10 *miércoles*

....
....
....
....
....

AMA

jueves **11**

viernes **12**

13 *sábado*

domingo **14**

"Uno elige y aprende a sacar lo mejor de este viaje."
–Libro *RenaSer*

Organizador semanal

lunes

martes

miércoles

jueves

viernes

fin de semana

Objetivos semanales

♡ _____
♡ _____
♡ _____
♡ _____
♡ _____
♡ _____
♡ _____
♡ _____

No olvidar

♡ _____
♡ _____
♡ _____
♡ _____
♡ _____
♡ _____
♡ _____
♡ _____

Menú
semanal

Lista de compras

♡
♡
♡
♡
♡
♡
♡
♡
♡
♡
♡
♡
♡
♡
♡
♡

LUNES

MARTES

MIÉRCOLES

JUEVES

VIERNES

SÁBADO

DOMINGO

15 *lunes*

....

....

....

....

16 *martes*

....

....

....

....

17 *miércoles*

....

....

....

....

....

VALÓRATE

jueves **18**

viernes **19**

20 *sábado*

domingo **21**

"Pide ayuda y te serán asignados ayudantes,
ángeles y maestros en tu camino."
–Libro *RenaSer*

Organizador semanal

lunes

martes

miércoles

jueves

viernes

fin de semana

Objetivos semanales

- ♡
- ♡
- ♡
- ♡
- ♡
- ♡
- ♡
- ♡

No olvidar

- ♡
- ♡
- ♡
- ♡
- ♡
- ♡
- ♡
- ♡

Menú semanal

Lista de compras

- ♡
- ♡
- ♡
- ♡
- ♡
- ♡
- ♡
- ♡
- ♡
- ♡
- ♡
- ♡
- ♡
- ♡
- ♡
- ♡

LUNES

MARTES

MIÉRCOLES

JUEVES

VIERNES

SÁBADO

DOMINGO

22 *lunes*

23 *martes*

24 *miércoles*

SÉ FELIZ

jueves **25**

viernes **26**

27 *sábado*

domingo **28**

"Tu vida estará rodeada de milagros."
–Libro *RenaSer*

Organizador semanal

lunes	**martes**
miércoles	**jueves**
viernes	**fin de semana**

Objetivos semanales

♡ _____
♡ _____
♡ _____
♡ _____
♡ _____
♡ _____
♡ _____
♡ _____

No olvidar

♡ _____
♡ _____
♡ _____
♡ _____
♡ _____
♡ _____
♡ _____
♡ _____

Menú semanal

Lista de compras

- ♡
- ♡
- ♡
- ♡
- ♡
- ♡
- ♡
- ♡
- ♡
- ♡
- ♡
- ♡
- ♡
- ♡
- ♡
- ♡

LUNES

MARTES

MIÉRCOLES

JUEVES

VIERNES

SÁBADO

DOMINGO

NOTAS

MARZO

Mensaje de

Arcángel Ariel

Es tiempo de seguir caminando,
no te dejes amedrentar por tus propios
pensamientos, esos que te debilitan.
Tu vida está llena de oportunidades para
ser feliz. Sé apasionado en todo lo que
hagas, coloca tu energía en lo que te dé
mayor felicidad. Sonríe y sigue adelante,
estás dando pasos firmes en la dirección
correcta, el camino está puesto para la
victoria. Te estoy guiando a vivir tu vida
con la mayor alegría que puedas sentir.

La práctica de cada mes

¿Qué actitudes podría mejorar este mes? ¿Con quién?

♡

♡

♡

♡

♡

♡

♡

NOTAS

marzo

Lunes	Martes	Miércoles	Jueves
· 1 ·	· 2 ·	· 3 ·	· 4 ·
· 8 ·	· 9 ·	· 10 ·	· 11 ·
· 15 ·	· 16 ·	· 17 ·	· 18 ·
· 22 ·	· 23 ·	· 24 ·	· 25 ·
· 29 ·	· 30 ·	· 31 ·	

Gracias este mes a mis Ángeles por: ....
....

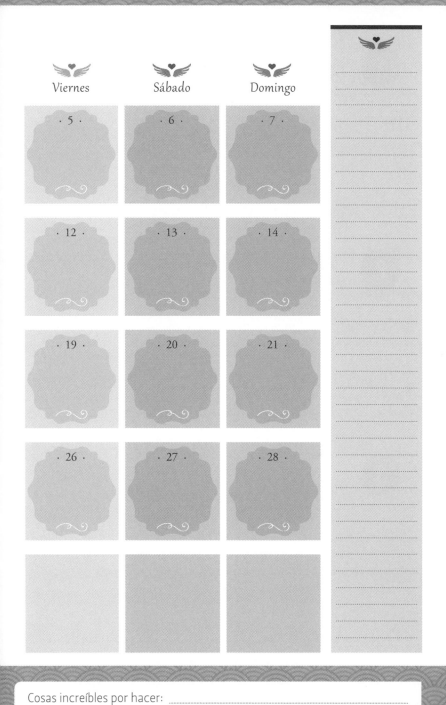

Viernes	Sábado	Domingo	
· 5 ·	· 6 ·	· 7 ·	
· 12 ·	· 13 ·	· 14 ·	
· 19 ·	· 20 ·	· 21 ·	
· 26 ·	· 27 ·	· 28 ·	

Cosas increíbles por hacer: ....
....

1 *lunes*

2 *martes*

3 *miércoles*

jueves **4**

viernes **5**

6 *sábado*

domingo **7**

"Lo que te hará diferente es la conciencia con la que eliges vivir."
–Libro *RenaSer*

Organizador semanal

lunes

martes

miércoles

jueves

viernes

fin de semana

Objetivos semanales

♡
♡
♡
♡
♡
♡
♡
♡

No olvidar

♡
♡
♡
♡
♡
♡
♡
♡

Menú
semanal

Lista de compras

- ♡
- ♡
- ♡
- ♡
- ♡
- ♡
- ♡
- ♡
- ♡
- ♡
- ♡
- ♡
- ♡
- ♡
- ♡
- ♡

LUNES

MARTES

MIÉRCOLES

JUEVES

VIERNES

SÁBADO

DOMINGO

8 *lunes*

9 *martes*

10 *miércoles*

jueves **11**

viernes **12**

13 *sábado*

domingo **14**

"Agradece las constantes oportunidades. ¡No las dejes pasar!"
–Libro *RenaSer*

Organizador semanal

lunes	martes

miércoles	jueves

viernes	fin de semana

Objetivos semanales

♡ _____
♡ _____
♡ _____
♡ _____
♡ _____
♡ _____
♡ _____
♡ _____

No olvidar

♡ _____
♡ _____
♡ _____
♡ _____
♡ _____
♡ _____
♡ _____
♡ _____

Menú semanal

Lista de compras

- ♡
- ♡
- ♡
- ♡
- ♡
- ♡
- ♡
- ♡
- ♡
- ♡
- ♡
- ♡
- ♡
- ♡
- ♡

LUNES

MARTES

MIÉRCOLES

JUEVES

VIERNES

SÁBADO

DOMINGO

15 *lunes*

16 *martes*

17 *miércoles*

SÉ EMPÁTICO

marzo

jueves **18**

viernes **19**

20 *sábado*

domingo **21**

"La vida te ayudará a moverte, sólo así sucede la transformación,
haciendo cambios en tu manera de pensar."
–Libro *RenaSer*

Organizador semanal

lunes

martes

miércoles

jueves

viernes

fin de semana

Objetivos semanales

♡
♡
♡
♡
♡
♡
♡
♡

No olvidar

♡
♡
♡
♡
♡
♡
♡
♡

Menú semanal

Lista de compras

- ♡
- ♡
- ♡
- ♡
- ♡
- ♡
- ♡
- ♡
- ♡
- ♡
- ♡
- ♡
- ♡
- ♡
- ♡
- ♡

LUNES

MARTES

MIÉRCOLES

JUEVES

VIERNES

SÁBADO

DOMINGO

marzo

22 *lunes*

23 *martes*

24 *miércoles*

INTENTA ALGO NUEVO

jueves **25**

viernes **26**

27 *sábado*

domingo **28**

"Eres un corazón abierto que emana bendiciones."
–Libro *RenaSer*

Organizador semanal

lunes

martes

miércoles

jueves

viernes

fin de semana

Objetivos semanales

♡
♡
♡
♡
♡
♡
♡
♡

No olvidar

♡
♡
♡
♡
♡
♡
♡
♡

Menú semanal

Lista de compras

LUNES

MARTES

MIÉRCOLES

JUEVES

VIERNES

SÁBADO

DOMINGO

29 *lunes*

30 *martes*

31 *miércoles*

ABRIL

Mensaje de
Arcángel Rafael

Tú tienes un enorme poder de autosanación. Yo te ayudo a descubrir todo ese potencial en ti. Un cuerpo alegre es el reflejo de una mente alegre, un cuerpo sano es el reflejo de una mente sana. Sé consciente de lo que permites entrar a tu mente y a tu cuerpo. Recuerda que la salud es tu estado natural de ser y yo estoy a tu lado recordándotelo, deja de resistirte al amor. Pide mi ayuda y yo sanaré tu mente y abrazaré tu alma.

La práctica de cada mes

> ¿Cuál será la actividad, premio o incluso pequeño detalle
> mediante el cual me daré amor?

♡
_____

_____

♡
_____

_____

♡
_____

_____

♡
_____

_____

♡
_____

_____

♡
_____

_____

♡
_____

_____

NOTAS

abril

Lunes	Martes	Miércoles	Jueves
			· 1 ·
· 5 ·	· 6 ·	· 7 ·	· 8 ·
· 12 ·	· 13 ·	· 14 ·	· 15 ·
· 19 ·	· 20 ·	· 21 ·	· 22 ·
· 26 ·	· 27 ·	· 28 ·	· 29 ·

Gracias este mes a mis Ángeles por: ....
....

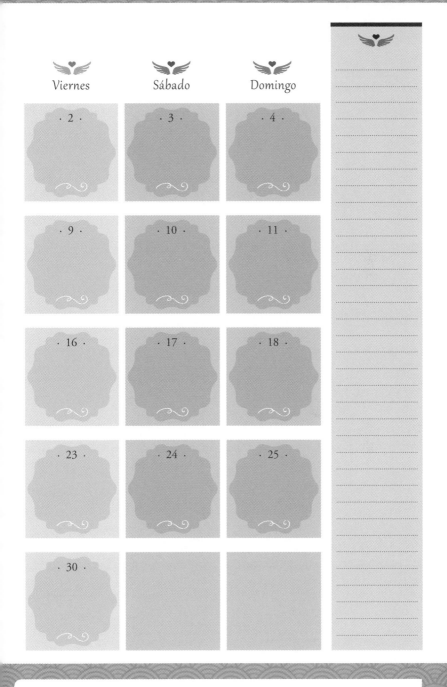

Viernes	Sábado	Domingo
· 2 ·	· 3 ·	· 4 ·
· 9 ·	· 10 ·	· 11 ·
· 16 ·	· 17 ·	· 18 ·
· 23 ·	· 24 ·	· 25 ·
· 30 ·		

Cosas increíbles por hacer: _____

∾ NOTAS ∾

abril

jueves **1**

viernes **2**

3 *sábado*

domingo **4**

♥

"La paz sólo es posible en tu espacio interior,
en cada uno de tus pensamientos."
–Libro *RenaSer*

Organizador semanal

lunes	martes
miércoles	jueves
viernes	fin de semana

Objetivos semanales

♡ _____
♡ _____
♡ _____
♡ _____
♡ _____
♡ _____
♡ _____
♡ _____

No olvidar

♡ _____
♡ _____
♡ _____
♡ _____
♡ _____
♡ _____
♡ _____
♡ _____

Menú semanal

Lista de compras

- ♡
- ♡
- ♡
- ♡
- ♡
- ♡
- ♡
- ♡
- ♡
- ♡
- ♡
- ♡
- ♡
- ♡
- ♡
- ♡

LUNES

MARTES

MIÉRCOLES

JUEVES

VIERNES

SÁBADO

DOMINGO

5 *lunes*

6 *martes*

7 *miércoles*

DESCANSA

jueves **8**

viernes **9**

10 *sábado*

domingo **11**

"Practica hacerte disponible, te hará ir por nuevos caminos."
-Libro *RenaSer*

Organizador semanal

lunes

martes

miércoles

jueves

viernes

fin de semana

Objetivos semanales

♡
♡
♡
♡
♡
♡
♡
♡

No olvidar

♡
♡
♡
♡
♡
♡
♡
♡

Menú semanal

Lista de compras

- ♡
- ♡
- ♡
- ♡
- ♡
- ♡
- ♡
- ♡
- ♡
- ♡
- ♡
- ♡
- ♡
- ♡
- ♡

LUNES

MARTES

MIÉRCOLES

JUEVES

VIERNES

SÁBADO

DOMINGO

12 *lunes*

13 *martes*

14 *miércoles*

PERDONA

jueves **15**

viernes **16**

17 *sábado*

domingo **18**

"Todo lo que te da miedo hacer tiene que ver
con una imagen equivocada de ti."
–Libro *RenaSer*

Organizador semanal

lunes	**martes**
miércoles	**jueves**
viernes	**fin de semana**

Objetivos semanales

- ♡
- ♡
- ♡
- ♡
- ♡
- ♡
- ♡
- ♡

No olvidar

- ♡
- ♡
- ♡
- ♡
- ♡
- ♡
- ♡
- ♡

Menú semanal

Lista de compras

- ♡
- ♡
- ♡
- ♡
- ♡
- ♡
- ♡
- ♡
- ♡
- ♡
- ♡
- ♡
- ♡
- ♡
- ♡
- ♡

LUNES

MARTES

MIÉRCOLES

JUEVES

VIERNES

SÁBADO

DOMINGO

19 *lunes*

20 *martes*

21 *miércoles*

jueves **22**

viernes **23**

24 sábado

domingo **25**

"Ves cosas suceder frente a ti cuando tu intuición
y tu disposición se unen."
–Libro *RenaSer*

Organizador semanal

lunes	**martes**
miércoles	**jueves**
viernes	**fin de semana**

Objetivos semanales

♡ ....
♡ ....
♡ ....
♡ ....
♡ ....
♡ ....
♡ ....
♡ ....

No olvidar

♡ ....
♡ ....
♡ ....
♡ ....
♡ ....
♡ ....
♡ ....
♡ ....

Menú semanal

Lista de compras

- ♡
- ♡
- ♡
- ♡
- ♡
- ♡
- ♡
- ♡
- ♡
- ♡
- ♡
- ♡
- ♡
- ♡
- ♡
- ♡
- ♡

LUNES

MARTES

MIÉRCOLES

JUEVES

VIERNES

SÁBADO

DOMINGO

26 *lunes*

27 *martes*

28 *miércoles*

jueves **29**

viernes **30**

notas

♥

"El tiempo pasa y te acomoda todo lo necesario
para llevarte a la siguiente etapa."
–Libro *RenaSer*

Organizador semanal

lunes	martes
miércoles	jueves
viernes	fin de semana

Objetivos semanales

♡ ....
♡ ....
♡ ....
♡ ....
♡ ....
♡ ....
♡ ....
♡ ....

No olvidar

♡ ....
♡ ....
♡ ....
♡ ....
♡ ....
♡ ....
♡ ....
♡ ....

Menú semanal

Lista de compras

- ♡
- ♡
- ♡
- ♡
- ♡
- ♡
- ♡
- ♡
- ♡
- ♡
- ♡
- ♡
- ♡
- ♡
- ♡

LUNES

MARTES

MIÉRCOLES

JUEVES

VIERNES

SÁBADO

DOMINGO

NOTAS

Mayo

Mensaje de

Arcángel Gabriel

Tú eres fuente de amor para el mundo,
da tu regalo de amor a quien se cruce
en tu camino. Asegúrate de escoger bien
tus palabras, que éstas irradien lo mejor de
ti, te garantizo que al decirlas obtendrás
un escenario lleno de felicidad. Disfruta
con gran alegría ser quien eres, siéntete
bien de ocupar tu lugar, pues la luz de Dios
irradia en ti con toda su fuerza. Da amor
a ti y a otros.

La práctica de cada mes

¿A quién puedo apoyar con mis talentos, habilidades y bendiciones?

♡ _____

_____

♡ _____

_____

♡ _____

_____

♡ _____

_____

♡ _____

_____

♡ _____

_____

♡ _____

_____

NOTAS

mayo

Lunes	Martes	Miércoles	Jueves
· 3 ·	· 4 ·	· 5 ·	· 6 ·
· 10 ·	· 11 ·	· 12 ·	· 13 ·
· 17 ·	· 18 ·	· 19 ·	· 20 ·
· 24 · / · 31 ·	· 25 ·	· 26 ·	· 27 ·

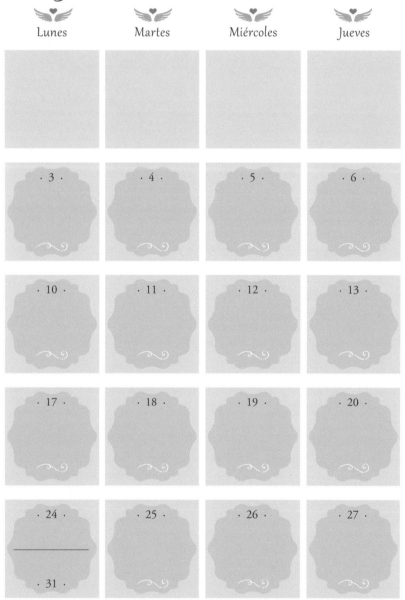

Gracias este mes a mis Ángeles por: ....
....

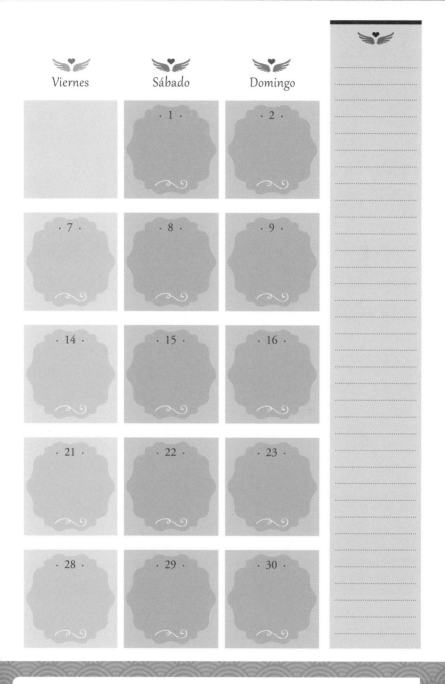

Viernes	Sábado	Domingo	
	· 1 ·	· 2 ·	
· 7 ·	· 8 ·	· 9 ·	
· 14 ·	· 15 ·	· 16 ·	
· 21 ·	· 22 ·	· 23 ·	
· 28 ·	· 29 ·	· 30 ·	

Cosas increíbles por hacer:

NOTAS

notas

1 *sábado* · *domingo* **2**

"Las grandes enseñanzas han surgido de los momentos dolorosos."
−Libro *RenaSer*

Organizador semanal

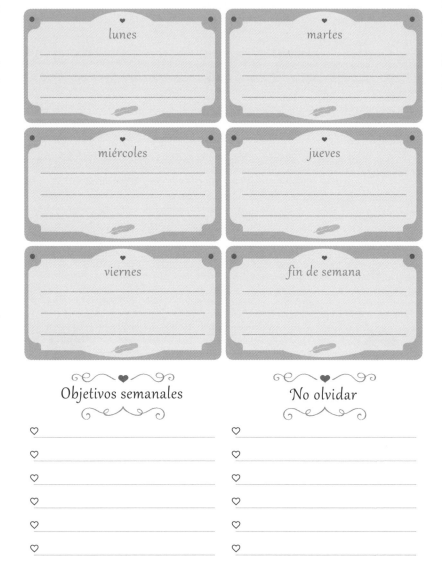

lunes

martes

miércoles

jueves

viernes

fin de semana

Objetivos semanales

♡ _____
♡ _____
♡ _____
♡ _____
♡ _____
♡ _____
♡ _____
♡ _____

No olvidar

♡ _____
♡ _____
♡ _____
♡ _____
♡ _____
♡ _____
♡ _____
♡ _____

Menú
semanal

Lista de compras

- ♡
- ♡
- ♡
- ♡
- ♡
- ♡
- ♡
- ♡
- ♡
- ♡
- ♡
- ♡
- ♡
- ♡
- ♡
- ♡

LUNES

MARTES

MIÉRCOLES

JUEVES

VIERNES

SÁBADO

DOMINGO

3 *lunes*

4 *martes*

5 *miércoles*

jueves **6**

viernes **7**

8 *sábado*

domingo **9**

"Deja de posponer el compromiso contigo mismo."
–Libro *RenaSer*

Organizador semanal

lunes

martes

miércoles

jueves

viernes

fin de semana

Objetivos semanales

♡
♡
♡
♡
♡
♡
♡
♡

No olvidar

♡
♡
♡
♡
♡
♡
♡
♡

Menú semanal

Lista de compras

- ♡
- ♡
- ♡
- ♡
- ♡
- ♡
- ♡
- ♡
- ♡
- ♡
- ♡
- ♡
- ♡
- ♡
- ♡
- ♡

LUNES

MARTES

MIÉRCOLES

JUEVES

VIERNES

SÁBADO

DOMINGO

10 *lunes*

....
....
....
....

11 *martes*

....
....
....
....

12 *miércoles*

....
....
....
....
....

CANTA

jueves **13**

viernes **14**

15 *sábado*

domingo **16**

"Tienes toda la fuerza para cruzar desiertos, porque incluso
en el mismo desierto nacen las flores."
–Libro *RenaSer*

Organizador semanal

lunes

martes

miércoles

jueves

viernes

fin de semana

Objetivos semanales

♡
♡
♡
♡
♡
♡
♡
♡

No olvidar

♡
♡
♡
♡
♡
♡
♡
♡

Menú semanal

Lista de compras

- ♡
- ♡
- ♡
- ♡
- ♡
- ♡
- ♡
- ♡
- ♡
- ♡
- ♡
- ♡
- ♡
- ♡
- ♡
- ♡

LUNES

MARTES

MIÉRCOLES

JUEVES

VIERNES

SÁBADO

DOMINGO

17 *lunes*

18 *martes*

19 *miércoles*

EJERCÍTATE

jueves **20**

viernes **21**

22 *sábado*

domingo **23**

"En tu futuro cercano estás tocando una nota muy alta,
vienes a hacer música con tu vida."
–Libro *RenaSer*

Organizador semanal

lunes

martes

miércoles

jueves

viernes

fin de semana

Objetivos semanales

♡
♡
♡
♡
♡
♡
♡
♡

No olvidar

♡
♡
♡
♡
♡
♡
♡
♡

Menú semanal

Lista de compras

- ♡
- ♡
- ♡
- ♡
- ♡
- ♡
- ♡
- ♡
- ♡
- ♡
- ♡
- ♡
- ♡
- ♡
- ♡
- ♡

LUNES

MARTES

MIÉRCOLES

JUEVES

VIERNES

SÁBADO

DOMINGO

mayo

24 *lunes*

25 *martes*

26 *miércoles*

AYUDA

jueves **27**

viernes **28**

29 *sábado*

domingo **30**

"Cuando dejes de aferrarte a algo distinto al amor, te darás cuenta
de que llorabas por las caricaturas y rechazabas el cielo entero."
–Libro *RenaSer*

Organizador semanal

lunes

martes

miércoles

jueves

viernes

fin de semana

Objetivos semanales

♡
♡
♡
♡
♡
♡
♡
♡

No olvidar

♡
♡
♡
♡
♡
♡
♡
♡

Menú semanal

Lista de compras

- ♡
- ♡
- ♡
- ♡
- ♡
- ♡
- ♡
- ♡
- ♡
- ♡
- ♡
- ♡
- ♡
- ♡
- ♡
- ♡

LUNES

MARTES

MIÉRCOLES

JUEVES

VIERNES

SÁBADO

DOMINGO

31 *lunes*

notas

Junio

Mensaje de
Arcángel Jofiel

Hay muchas razones para ver belleza
alrededor de ti. Una luz infinita ilumina tu
camino de vida, confía en que ese camino
ya fue adornado para ti. Todo lo que no es
luz, no pertenece a ti. Todo tu viaje se trata
de llenarlo de amor. Quédate ahí hasta
que puedas verte en el espejo del amor
de Dios. Tu inminente belleza es reflejo de
la inminente belleza de Dios. Yo te ayudo
a ver belleza a tu alrededor y en ti.

La práctica de cada mes

♡ _____

_____

_____

♡ _____

_____

_____

♡ _____

_____

_____

♡ _____

_____

_____

♡ _____

_____

_____

♡ _____

_____

_____

♡ _____

_____

_____

NOTAS

junio

Lunes	Martes	Miércoles	Jueves
	· 1 ·	· 2 ·	· 3 ·
· 7 ·	· 8 ·	· 9 ·	· 10 ·
· 14 ·	· 15 ·	· 16 ·	· 17 ·
· 21 ·	· 22 ·	· 23 ·	· 24 ·
· 28 ·	· 29 ·	· 30 ·	

Gracias este mes a mis Ángeles por: ....
....

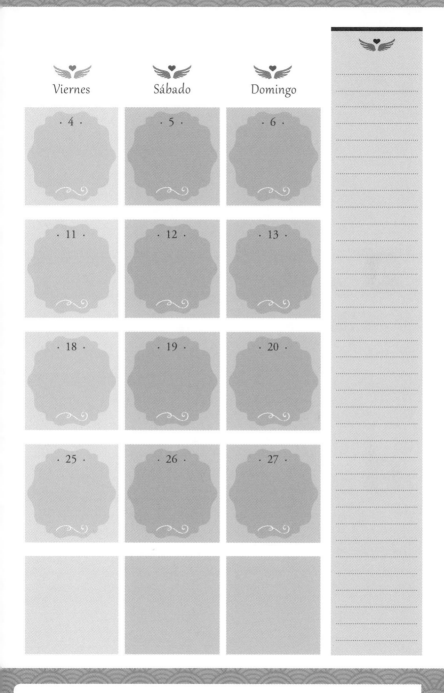

Viernes

Sábado

Domingo

· 4 ·

· 5 ·

· 6 ·

· 11 ·

· 12 ·

· 13 ·

· 18 ·

· 19 ·

· 20 ·

· 25 ·

· 26 ·

· 27 ·

Cosas increíbles por hacer:

notas

1 *martes*

2 *miércoles*

DA SIN MIRAR A QUIÉN

jueves **3**

viernes **4**

5 *sábado*

domingo **6**

"Viaja y abre tu mente a nuevos mundos."
–Libro *RenaSer*

Organizador semanal

lunes

martes

miércoles

jueves

viernes

fin de semana

Objetivos semanales

♡ _____
♡ _____
♡ _____
♡ _____
♡ _____
♡ _____
♡ _____
♡ _____

No olvidar

♡ _____
♡ _____
♡ _____
♡ _____
♡ _____
♡ _____
♡ _____
♡ _____

Menú semanal

Lista de compras

- ♡
- ♡
- ♡
- ♡
- ♡
- ♡
- ♡
- ♡
- ♡
- ♡
- ♡
- ♡
- ♡
- ♡
- ♡
- ♡
- ♡

LUNES

MARTES

MIÉRCOLES

JUEVES

VIERNES

SÁBADO

DOMINGO

7 *lunes*

8 *martes*

9 *miércoles*

jueves **10**

viernes **11**

12 *sábado*

domingo **13**

"Sigue en el camino para descubrir, madurar y despertar,
pero recuerda que pasos cortos y pasos largos harán un buen vals."
–Libro *RenaSer*

Organizador semanal

lunes

martes

miércoles

jueves

viernes

fin de semana

Objetivos semanales

♡
♡
♡
♡
♡
♡
♡
♡

No olvidar

♡
♡
♡
♡
♡
♡
♡
♡

Menú semanal

Lista de compras

- ♡
- ♡
- ♡
- ♡
- ♡
- ♡
- ♡
- ♡
- ♡
- ♡
- ♡
- ♡
- ♡
- ♡
- ♡
- ♡
- ♡

LUNES

MARTES

MIÉRCOLES

JUEVES

VIERNES

SÁBADO

DOMINGO

14 *lunes*

15 *martes*

16 *miércoles*

LIBÉRATE

jueves **17**

viernes **18**

19 *sábado*

domingo **20**

"Tu paz dependerá de la calidad de los pensamientos que tengas,
y de si son guiados por el miedo o por el amor."
–Libro *RenaSer*

Organizador semanal

lunes

martes

miércoles

jueves

viernes

fin de semana

Objetivos semanales

♡
♡
♡
♡
♡
♡
♡
♡

No olvidar

♡
♡
♡
♡
♡
♡
♡
♡

Menú
semanal

Lista de compras

- ♡
- ♡
- ♡
- ♡
- ♡
- ♡
- ♡
- ♡
- ♡
- ♡
- ♡
- ♡
- ♡
- ♡
- ♡
- ♡

LUNES

MARTES

MIÉRCOLES

JUEVES

VIERNES

SÁBADO

DOMINGO

21 *lunes*

22 *martes*

23 *miércoles*

SONRÍE

jueves **24**

viernes **25**

26 *sábado*

domingo **27**

"Amar nunca será el error, el error es creer que la paz proviene
del amor que nos dan los demás. Tú eres la fuente y hacemos
intercambio de lo que ya hay en nosotros."
–Libro *RenaSer*

Organizador semanal

lunes

martes

miércoles

jueves

viernes

fin de semana

Objetivos semanales

♡
♡
♡
♡
♡
♡
♡
♡

No olvidar

♡
♡
♡
♡
♡
♡
♡
♡

Menú semanal

Lista de compras

- ♡
- ♡
- ♡
- ♡
- ♡
- ♡
- ♡
- ♡
- ♡
- ♡
- ♡
- ♡
- ♡
- ♡
- ♡
- ♡
- ♡
- ♡

LUNES

MARTES

MIÉRCOLES

JUEVES

VIERNES

SÁBADO

DOMINGO

28 *lunes*

29 *martes*

30 *miércoles*

Julio

Mensaje de
Arcángel Chamuel

La vida se disfruta más cuando te relajas. Entrégame la razón por la que crees que no puedes relajarte y confía totalmente en que Dios conoce lo que es mejor para ti. Tu vida está colmada de bendiciones y yo te ayudaré a observarlas. Pídeme que te ayude a aclarar qué es lo importante en tu búsqueda. Sonríe, un día cesarás toda búsqueda y recordarás que Dios está en ti.

La práctica de cada mes

¿De qué manera puedo valorarme más?

♡ _____

_____

_____

♡ _____

_____

_____

♡ _____

_____

_____

♡ _____

_____

_____

♡ _____

_____

_____

♡ _____

_____

_____

♡ _____

_____

_____

NOTAS

julio

Lunes	Martes	Miércoles	Jueves
			· 1 ·
· 5 ·	· 6 ·	· 7 ·	· 8 ·
· 12 ·	· 13 ·	· 14 ·	· 15 ·
· 19 ·	· 20 ·	· 21 ·	· 22 ·
· 26 ·	· 27 ·	· 28 ·	· 29 ·

Gracias este mes a mis Ángeles por: ....
....

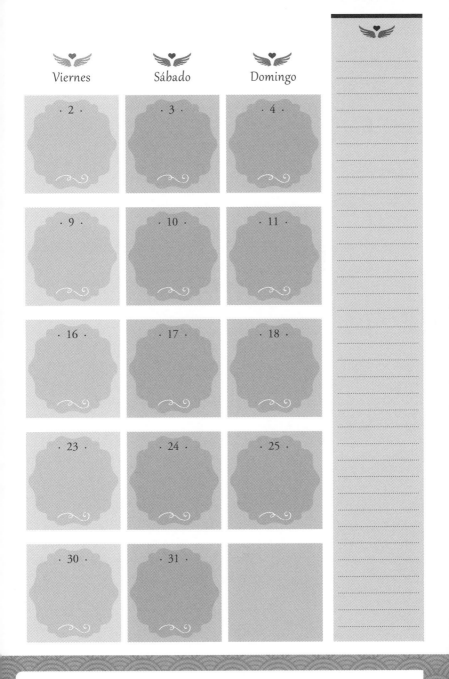

Viernes	Sábado	Domingo	
· 2 ·	· 3 ·	· 4 ·	
· 9 ·	· 10 ·	· 11 ·	
· 16 ·	· 17 ·	· 18 ·	
· 23 ·	· 24 ·	· 25 ·	
· 30 ·	· 31 ·		

Cosas increíbles por hacer:

NOTAS

jueves **1**

viernes **2**

3 *sábado*

domingo **4**

"Sólo basta recordar que la vida se trata de etapas
y que cada una tiene su lección de sabiduría."
–Libro *RenaSer*

Organizador semanal

lunes	martes

miércoles	jueves

viernes	fin de semana

Objetivos semanales

- ♡
- ♡
- ♡
- ♡
- ♡
- ♡
- ♡
- ♡

No olvidar

- ♡
- ♡
- ♡
- ♡
- ♡
- ♡
- ♡
- ♡

Menú
semanal

Lista de compras

- ♡
- ♡
- ♡
- ♡
- ♡
- ♡
- ♡
- ♡
- ♡
- ♡
- ♡
- ♡
- ♡
- ♡
- ♡
- ♡

LUNES

MARTES

MIÉRCOLES

JUEVES

VIERNES

SÁBADO

DOMINGO

5 *lunes*

6 *martes*

7 *miércoles*

LEE UN LIBRO

jueves **8**

viernes **9**

10 *sábado*

domingo **11**

"Cuando tu existencia parezca absurda, mala y sin sentido,
mantén la compasión y la vida te sacará de ahí."
–Libro *RenaSer*

Organizador semanal

lunes	martes
miércoles	jueves
viernes	fin de semana

Objetivos semanales

♡
♡
♡
♡
♡
♡
♡
♡

No olvidar

♡
♡
♡
♡
♡
♡
♡
♡

Menú semanal

Lista de compras

- ♡
- ♡
- ♡
- ♡
- ♡
- ♡
- ♡
- ♡
- ♡
- ♡
- ♡
- ♡
- ♡
- ♡
- ♡
- ♡
- ♡

LUNES

MARTES

MIÉRCOLES

JUEVES

VIERNES

SÁBADO

DOMINGO

12 *lunes*

13 *martes*

14 *miércoles*

CONFÍA

jueves **15**

viernes **16**

17 *sábado*

domingo **18**

"En el amor incondicional no se responde,
ni se da ultimátum, se ama por lo que se es."
–Libro *RenaSer*

Organizador semanal

lunes

martes

miércoles

jueves

viernes

fin de semana

Objetivos semanales

♡ _____
♡ _____
♡ _____
♡ _____
♡ _____
♡ _____
♡ _____
♡ _____

No olvidar

♡ _____
♡ _____
♡ _____
♡ _____
♡ _____
♡ _____
♡ _____
♡ _____

Menú semanal

Lista de compras

- ♡
- ♡
- ♡
- ♡
- ♡
- ♡
- ♡
- ♡
- ♡
- ♡
- ♡
- ♡
- ♡
- ♡
- ♡
- ♡

LUNES

MARTES

MIÉRCOLES

JUEVES

VIERNES

SÁBADO

DOMINGO

julio

19 *lunes*

20 *martes*

21 *miércoles*

PON LÍMITES

jueves **22**

viernes **23**

24 *sábado*

domingo **25**

"El amor es producto de un trabajo constante de autoestima."
–Libro *RenaSer*

Organizador semanal

lunes

martes

miércoles

jueves

viernes

fin de semana

Objetivos semanales

♡
♡
♡
♡
♡
♡
♡
♡

No olvidar

♡
♡
♡
♡
♡
♡

Menú
semanal

Lista de compras

- ♡
- ♡
- ♡
- ♡
- ♡
- ♡
- ♡
- ♡
- ♡
- ♡
- ♡
- ♡
- ♡
- ♡
- ♡

LUNES

MARTES

MIÉRCOLES

JUEVES

VIERNES

SÁBADO

DOMINGO

julio

26 *lunes*

27 *martes*

28 *miércoles*

VIAJA

jueves **29**

viernes **30**

31 *sábado*

♥

"Recuerda que todo aquello que has juzgado o juzgues
lo vivirás para comprenderlo, de una u otra manera,
en lo cercano o por experiencia propia."
–Libro *RenaSer*

NOTAS

AGOSTO

Mensaje de
Arcángel Raziel

Sé generoso con tus propias emociones
y considerado contigo. Acepta nuestra
guía, te estamos recordando cuán valiosa
es tu presencia en la Tierra. Valórate
como nosotros te valoramos. Busca y
encontrarás, pide y te mostraremos lo que
no has podido ver. Apláudete y continúa
hacia adelante dedicando tiempo al
silencio para aquietar tu mente, sentirás
nuestra inminente presencia a tu lado.

La práctica de cada mes

¿De qué manera puedo descubrir mis talentos?

♡

♡

♡

♡

♡

♡

♡

NOTAS

agosto

Lunes	Martes	Miércoles	Jueves
· 2 ·	· 3 ·	· 4 ·	· 5 ·
· 9 ·	· 10 ·	· 11 ·	· 12 ·
· 16 ·	· 17 ·	· 18 ·	· 19 ·
· 23 · · 30 ·	· 24 · · 31 ·	· 25 ·	· 26 ·

Gracias este mes a mis Ángeles por: ....
....

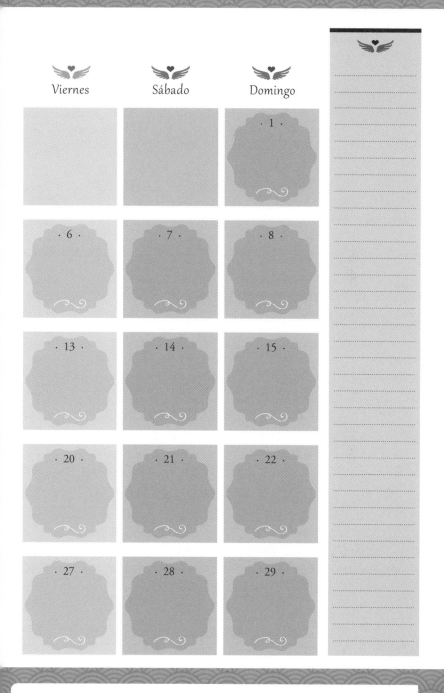

Viernes	Sábado	Domingo
		· 1 ·
· 6 ·	· 7 ·	· 8 ·
· 13 ·	· 14 ·	· 15 ·
· 20 ·	· 21 ·	· 22 ·
· 27 ·	· 28 ·	· 29 ·

Cosas increíbles por hacer:

NOTAS

agosto

notas

domingo **1**

♥

"Hoy elijo vincularme conmigo desde el amor,
para vincularme con otro ser desde el amor."
–Libro *RenaSer*

Organizador semanal

lunes	martes
miércoles	jueves
viernes	fin de semana

Objetivos semanales

♡ ....
♡ ....
♡ ....
♡ ....
♡ ....
♡ ....
♡ ....
♡ ....

No olvidar

♡ ....
♡ ....
♡ ....
♡ ....
♡ ....
♡ ....
♡ ....
♡ ....

Menú semanal

Lista de compras

- ♡
- ♡
- ♡
- ♡
- ♡
- ♡
- ♡
- ♡
- ♡
- ♡
- ♡
- ♡
- ♡
- ♡
- ♡

LUNES

MARTES

MIÉRCOLES

JUEVES

VIERNES

SÁBADO

DOMINGO

2 *lunes*

3 *martes*

4 *miércoles*

HAZ UNA DONACIÓN

jueves **5**

viernes **6**

7 *sábado*

domingo **8**

"En este momento haz unas respiraciones profundas,
cierra los ojos y decide aceptar que la vida te lleve a la
siguiente etapa, poniendo toda tu disposición."
–Libro *RenaSer*

Organizador semanal

lunes

martes

miércoles

jueves

viernes

fin de semana

Objetivos semanales

- ♡
- ♡
- ♡
- ♡
- ♡
- ♡
- ♡
- ♡

No olvidar

- ♡
- ♡
- ♡
- ♡
- ♡
- ♡
- ♡
- ♡

Menú semanal

Lista de compras

- ♡
- ♡
- ♡
- ♡
- ♡
- ♡
- ♡
- ♡
- ♡
- ♡
- ♡
- ♡
- ♡
- ♡
- ♡
- ♡

LUNES

MARTES

MIÉRCOLES

JUEVES

VIERNES

SÁBADO

DOMINGO

agosto

9 lunes

10 martes

11 miércoles

GOZA

jueves **12**

viernes **13**

14 *sábado*

domingo **15**

"Lo que llamas realidad muchas veces
es lo que interpretas, no lo que es."
–Libro *RenaSer*

Organizador semanal

lunes

martes

miércoles

jueves

viernes

fin de semana

Objetivos semanales

♡ _____
♡ _____
♡ _____
♡ _____
♡ _____
♡ _____
♡ _____
♡ _____

No olvidar

♡ _____
♡ _____
♡ _____
♡ _____
♡ _____
♡ _____
♡ _____
♡ _____

Menú semanal

Lista de compras

- ♡
- ♡
- ♡
- ♡
- ♡
- ♡
- ♡
- ♡
- ♡
- ♡
- ♡
- ♡
- ♡
- ♡
- ♡
- ♡

LUNES

MARTES

MIÉRCOLES

JUEVES

VIERNES

SÁBADO

DOMINGO

16 *lunes*

17 *martes*

18 *miércoles*

jueves **19**

viernes **20**

21 *sábado*

domingo **22**

"Sabio es quien es libre de la interpretación de los demás."
–Libro *RenaSer*

Organizador semanal

lunes

martes

miércoles

jueves

viernes

fin de semana

Objetivos semanales

♡ _____
♡ _____
♡ _____
♡ _____
♡ _____
♡ _____
♡ _____
♡ _____

No olvidar

♡ _____
♡ _____
♡ _____
♡ _____
♡ _____
♡ _____
♡ _____
♡ _____

Menú
semanal

Lista de compras

- ♡
- ♡
- ♡
- ♡
- ♡
- ♡
- ♡
- ♡
- ♡
- ♡
- ♡
- ♡
- ♡
- ♡
- ♡

LUNES

MARTES

MIÉRCOLES

JUEVES

VIERNES

SÁBADO

DOMINGO

agosto

23 *lunes*

24 *martes*

25 *miércoles*

DIVIÉRTETE

jueves

viernes

 sábado

domingo

"Cuando creíste que ya sabías quién eras, lo que querías y
lo que necesitabas, los ángeles te dicen: «danos permiso
de mostrarte lo que nosotros conocemos de ti»."
–Libro *RenaSer*

Organizador semanal

lunes

martes

miércoles

jueves

viernes

fin de semana

Objetivos semanales

♡
♡
♡
♡
♡
♡
♡
♡

No olvidar

♡
♡
♡
♡
♡
♡
♡
♡

Menú semanal

Lista de compras

- ♡
- ♡
- ♡
- ♡
- ♡
- ♡
- ♡
- ♡
- ♡
- ♡
- ♡
- ♡
- ♡
- ♡
- ♡

LUNES

MARTES

MIÉRCOLES

JUEVES

VIERNES

SÁBADO

DOMINGO

30 *lunes*

31 *martes*

notas

COME MÁS SANO

Septiembre

Mensaje de
Arcángel Uriel

Hay veces que llegas a sentir una atracción
magnética hacia algo o alguien. Cada persona
o información que necesitas conocer es
infundida por esta fuerza de atracción. No
hay persona que esté destinada a ti o que
estés por conocer que no lleve esa fuerza
poderosa. Es la fuerza de la misión de vida,
es la fuerza destinada para tu despertar.
No puedes escaparte del perfecto plan divino,
sería como querer escapar de la fuerza que
te hará despertar. Confía en que cada
persona es perfecta para el plan.

La práctica de cada mes

¿Cuál reflexión ha sido la más importante?

♡ _____

_____

_____

♡ _____

_____

_____

♡ _____

_____

_____

♡ _____

_____

_____

♡ _____

_____

_____

♡ _____

_____

_____

♡ _____

_____

_____

NOTAS

septiembre

Lunes	Martes	Miércoles	Jueves
		· 1 ·	· 2 ·
· 6 ·	· 7 ·	· 8 ·	· 9 ·
· 13 ·	· 14 ·	· 15 ·	· 16 ·
· 20 ·	· 21 ·	· 22 ·	· 23 ·
· 27 ·	· 28 ·	· 29 ·	· 30 ·

Gracias este mes a mis Ángeles por: ....
....

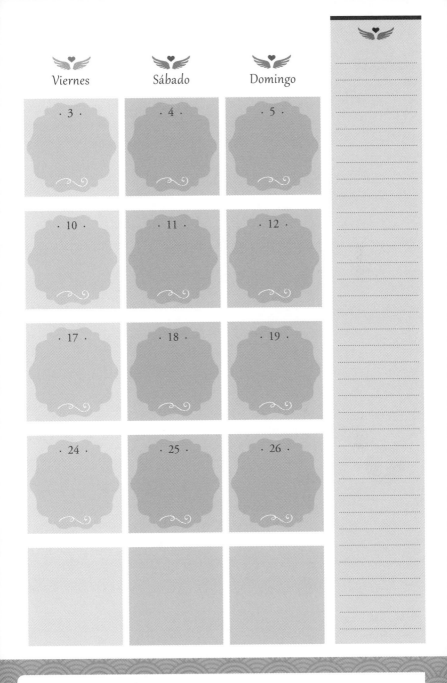

Viernes	Sábado	Domingo	
· 3 ·	· 4 ·	· 5 ·	
· 10 ·	· 11 ·	· 12 ·	
· 17 ·	· 18 ·	· 19 ·	
· 24 ·	· 25 ·	· 26 ·	

Cosas increíbles por hacer: ....

notas

1 *miércoles*

ESCUCHA

jueves **2**

viernes **3**

4 _sábado_

domingo **5**

"Nada puede detener al espíritu, que es uno con el AMOR."
–Libro _RenaSer_

Organizador semanal

lunes	martes

miércoles	jueves

viernes	fin de semana

Objetivos semanales

- ♡
- ♡
- ♡
- ♡
- ♡
- ♡
- ♡
- ♡

No olvidar

- ♡
- ♡
- ♡
- ♡
- ♡
- ♡
- ♡
- ♡

Menú semanal

Lista de compras

- ♡
- ♡
- ♡
- ♡
- ♡
- ♡
- ♡
- ♡
- ♡
- ♡
- ♡
- ♡
- ♡
- ♡
- ♡
- ♡
- ♡

LUNES

MARTES

MIÉRCOLES

JUEVES

VIERNES

SÁBADO

DOMINGO

6 *lunes*

....
....
....
....

7 *martes*

....
....
....
....

8 *miércoles*

....
....
....
....

INSPÍRATE

jueves **9**

viernes **10**

11 *sábado*

domingo **12**

"La vida es la mejor maestra que tienes para aprender."
–Libro *RenaSer*

Organizador semanal

lunes

martes

miércoles

jueves

viernes

fin de semana

Objetivos semanales

♡ _____
♡ _____
♡ _____
♡ _____
♡ _____
♡ _____
♡ _____
♡ _____

No olvidar

♡ _____
♡ _____
♡ _____
♡ _____
♡ _____
♡ _____
♡ _____
♡ _____

Menú semanal

Lista de compras

- ♡
- ♡
- ♡
- ♡
- ♡
- ♡
- ♡
- ♡
- ♡
- ♡
- ♡
- ♡
- ♡
- ♡
- ♡
- ♡

LUNES

MARTES

MIÉRCOLES

JUEVES

VIERNES

SÁBADO

DOMINGO

13 *lunes*

14 *martes*

15 *miércoles*

VALORA

jueves **16**

viernes **17**

18 sábado

domingo **19**

♥

"Siempre estamos sumando a la misión de vida colectiva,
es decir, tocas a otros con lo que vives en tu misión de vida."
–Libro *RenaSer*

Organizador semanal

lunes

martes

miércoles

jueves

viernes

fin de semana

Objetivos semanales

♡ _____
♡ _____
♡ _____
♡ _____
♡ _____
♡ _____
♡ _____
♡ _____

No olvidar

♡ _____
♡ _____
♡ _____
♡ _____
♡ _____
♡ _____
♡ _____
♡ _____

Menú semanal

Lista de compras

- ♡
- ♡
- ♡
- ♡
- ♡
- ♡
- ♡
- ♡
- ♡
- ♡
- ♡
- ♡
- ♡
- ♡
- ♡
- ♡

LUNES

MARTES

MIÉRCOLES

JUEVES

VIERNES

SÁBADO

DOMINGO

20 *lunes*

21 *martes*

22 *miércoles*

COMIENZA UN PASATIEMPO

jueves **23**

viernes **24**

25 *sábado*

domingo **26**

"Los límites que pongas te ayudarán a mantenerte sano,
a mostrar lo que es más importante para ti."
–Libro *RenaSer*

Organizador semanal

lunes

martes

miércoles

jueves

viernes

fin de semana

Objetivos semanales

- ♡
- ♡
- ♡
- ♡
- ♡
- ♡
- ♡
- ♡

No olvidar

- ♡
- ♡
- ♡
- ♡
- ♡
- ♡
- ♡
- ♡

Menú semanal

Lista de compras

- ♡
- ♡
- ♡
- ♡
- ♡
- ♡
- ♡
- ♡
- ♡
- ♡
- ♡
- ♡
- ♡
- ♡
- ♡
- ♡
- ♡

LUNES

MARTES

MIÉRCOLES

JUEVES

VIERNES

SÁBADO

DOMINGO

27 *lunes*

28 *martes*

29 *miércoles*

APASIÓNATE

jueves **30**

notas

"La vibración de una persona que te ama siempre
te llenará más que las palabras que puedan decirte."
-Libro *RenaSer*

NOTAS

Octubre

Mensaje de
Arcángel Haniel

Un cuerpo alegre es el reflejo de una mente
alegre, un cuerpo sano es el reflejo de
una mente sana. Sé consciente de lo que
permites entrar a tu mente y a tu cuerpo.
Pide mi ayuda y te sanaré y abrazaré
tu alma. La salud es tu estado natural
de ser y yo estoy a tu lado recordándotelo.

La práctica de cada mes

¿Cómo puedo crecer más de manera espiritual?

♡

♡

♡

♡

♡

♡

♡

NOTAS

octubre

Lunes	Martes	Miércoles	Jueves
· 4 ·	· 5 ·	· 6 ·	· 7 ·
· 11 ·	· 12 ·	· 13 ·	· 14 ·
· 18 ·	· 19 ·	· 20 ·	· 21 ·
· 25 ·	· 26 ·	· 27 ·	· 28 ·

Gracias este mes a mis Ángeles por: ....
....

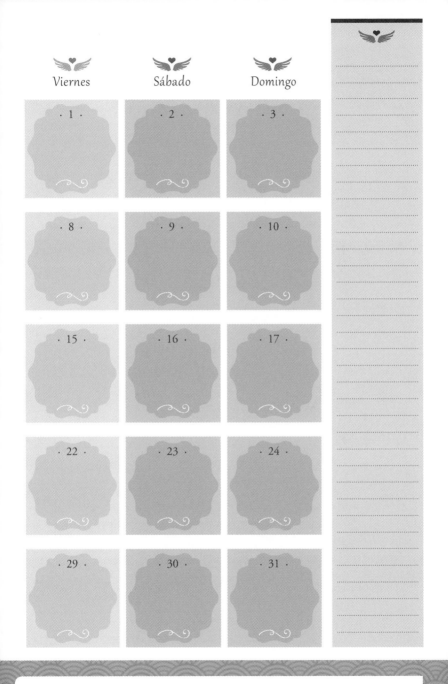

Viernes	Sábado	Domingo
· 1 ·	· 2 ·	· 3 ·
· 8 ·	· 9 ·	· 10 ·
· 15 ·	· 16 ·	· 17 ·
· 22 ·	· 23 ·	· 24 ·
· 29 ·	· 30 ·	· 31 ·

Cosas increíbles por hacer: ....
....

NOTAS

notas

viernes **1**

2 *sábado*

domingo **3**

"Si la sabes ver, la vida es siempre una historia de amor."
–Libro *RenaSer*

Organizador semanal

lunes

martes

miércoles

jueves

viernes

fin de semana

Objetivos semanales

♡
♡
♡
♡
♡
♡
♡
♡

No olvidar

♡
♡
♡
♡
♡
♡
♡
♡

Menú semanal

Lista de compras

- ♡
- ♡
- ♡
- ♡
- ♡
- ♡
- ♡
- ♡
- ♡
- ♡
- ♡
- ♡
- ♡
- ♡
- ♡
- ♡

LUNES

MARTES

MIÉRCOLES

JUEVES

VIERNES

SÁBADO

DOMINGO

octubre

4 *lunes*

5 *martes*

6 *miércoles*

MEDITA

jueves **7**

viernes **8**

9 *sábado*

domingo **10**

"La vida es una constante de desapego."
–Libro *RenaSer*

Organizador semanal

lunes

martes

miércoles

jueves

viernes

fin de semana

Objetivos semanales

♡ _____
♡ _____
♡ _____
♡ _____
♡ _____
♡ _____
♡ _____
♡ _____

No olvidar

♡ _____
♡ _____
♡ _____
♡ _____
♡ _____
♡ _____
♡ _____
♡ _____

Menú semanal

Lista de compras

LUNES

MARTES

MIÉRCOLES

JUEVES

VIERNES

SÁBADO

DOMINGO

11 *lunes*

12 *martes*

13 *miércoles*

REÚNETE CON TU FAMILIA

jueves **14**

viernes **15**

16 *sábado*

domingo **17**

"El paraíso, el infierno, lo deseable y
lo indeseable sólo existen en tu mente."
-Libro *RenaSer*

Organizador semanal

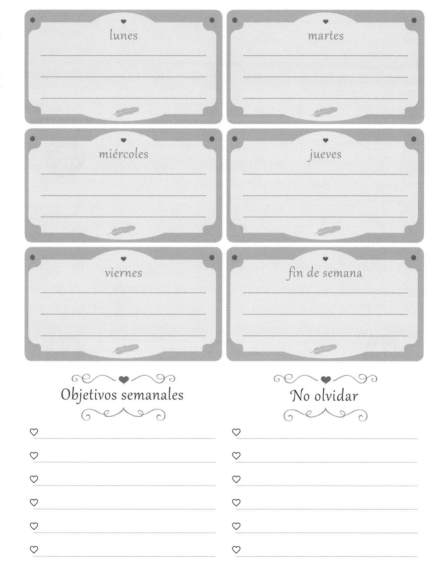

lunes

martes

miércoles

jueves

viernes

fin de semana

Objetivos semanales

♡ _____
♡ _____
♡ _____
♡ _____
♡ _____
♡ _____
♡ _____
♡ _____

No olvidar

♡ _____
♡ _____
♡ _____
♡ _____
♡ _____
♡ _____
♡ _____

Menú semanal

Lista de compras

- ♡
- ♡
- ♡
- ♡
- ♡
- ♡
- ♡
- ♡
- ♡
- ♡
- ♡
- ♡
- ♡
- ♡
- ♡
- ♡

LUNES

MARTES

MIÉRCOLES

JUEVES

VIERNES

SÁBADO

DOMINGO

octubre

18 *lunes*

19 *martes*

20 *miércoles*

TEN FE

jueves **21**

viernes **22**

23 *sábado*

domingo **24**

"Cuando te acercas a tu misión de vida, las cosas
siguen su curso y tú no frenas la dirección."
–Libro *RenaSer*

Organizador semanal

lunes

martes

miércoles

jueves

viernes

fin de semana

Objetivos semanales

♡ _____
♡ _____
♡ _____
♡ _____
♡ _____
♡ _____
♡ _____
♡ _____

No olvidar

♡ _____
♡ _____
♡ _____
♡ _____
♡ _____
♡ _____
♡ _____
♡ _____

Menú semanal

Lista de compras

- ♡
- ♡
- ♡
- ♡
- ♡
- ♡
- ♡
- ♡
- ♡
- ♡
- ♡
- ♡
- ♡
- ♡
- ♡

LUNES

MARTES

MIÉRCOLES

JUEVES

VIERNES

SÁBADO

DOMINGO

octubre

25 *lunes*

26 *martes*

27 *miércoles*

SORPRÉNDETE

jueves **28**

viernes **29**

30 *sábado*

domingo **31**

"No puedes ser quien estás destinado a ser si tratas
de adoptar la forma que los demás desean de ti."
–Libro *RenaSer*

Organizador semanal

lunes

martes

miércoles

jueves

viernes

fin de semana

Objetivos semanales

♡
♡
♡
♡
♡
♡
♡
♡

No olvidar

♡
♡
♡
♡
♡
♡
♡
♡

Menú
semanal

Lista de compras

- ♡
- ♡
- ♡
- ♡
- ♡
- ♡
- ♡
- ♡
- ♡
- ♡
- ♡
- ♡
- ♡
- ♡
- ♡
- ♡

LUNES

MARTES

MIÉRCOLES

JUEVES

VIERNES

SÁBADO

DOMINGO

NOTAS

Noviembre

Mensaje de
Arcángel Jeremiel

A veces puedes ver la vida como
un laberinto. A veces no sabes hacia dónde
dirigirte para encontrar la salida. No sabes
medir cuándo ocurrirá el siguiente giro en
el andar de la vida, pero no estás hecho
para vivir en incertidumbre ni en temor.
Sal de ese laberinto del ego, pídeme que
eleve tu perspectiva a la del amor, así podrás
ver por encima de ese laberinto. No hay
un solo problema que al ser visto desde
la perspectiva correcta te pueda causar
dolor. Hoy pídeme que te ayude a ver
desde lo alto, ahí está Dios.

La práctica de cada mes

♡ _____

_____

_____

♡ _____

_____

_____

♡ _____

_____

_____

♡ _____

_____

_____

♡ _____

_____

_____

♡ _____

_____

_____

♡ _____

_____

_____

NOTAS

noviembre

Lunes	Martes	Miércoles	Jueves
· 1 ·	· 2 ·	· 3 ·	· 4 ·
· 8 ·	· 9 ·	· 10 ·	· 11 ·
· 15 ·	· 16 ·	· 17 ·	· 18 ·
· 22 ·	· 23 ·	· 24 ·	· 25 ·
· 29 ·	· 30 ·		

Gracias este mes a mis Ángeles por: ....
....

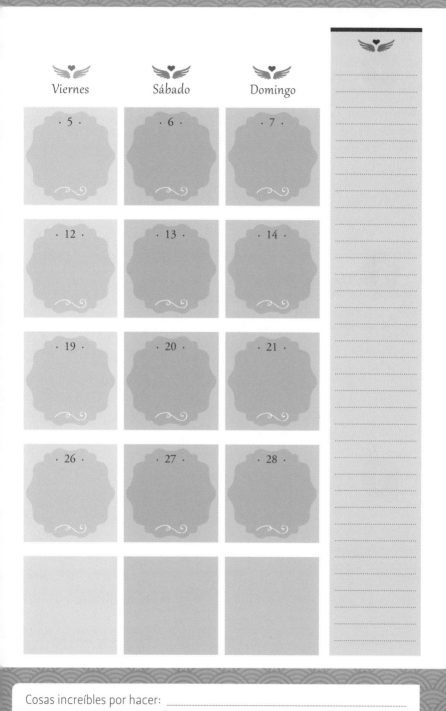

Viernes · 5 ·

Sábado · 6 ·

Domingo · 7 ·

· 12 ·

· 13 ·

· 14 ·

· 19 ·

· 20 ·

· 21 ·

· 26 ·

· 27 ·

· 28 ·

Cosas increíbles por hacer:

1 *lunes*

2 *martes*

3 *miércoles*

jueves **4**

viernes **5**

6 *sábado*

domingo **7**

"Comparte sucesos de tu vida personal cuando
creas que puedan ayudar a otras personas."
–Libro *RenaSer*

Organizador semanal

lunes

martes

miércoles

jueves

viernes

fin de semana

Objetivos semanales

♡ _____
♡ _____
♡ _____
♡ _____
♡ _____
♡ _____
♡ _____
♡ _____

No olvidar

♡ _____
♡ _____
♡ _____
♡ _____
♡ _____
♡ _____
♡ _____
♡ _____

Menú
semanal

Lista de compras

- ♡
- ♡
- ♡
- ♡
- ♡
- ♡
- ♡
- ♡
- ♡
- ♡
- ♡
- ♡
- ♡
- ♡
- ♡
- ♡
- ♡

LUNES

MARTES

MIÉRCOLES

JUEVES

VIERNES

SÁBADO

DOMINGO

8 *lunes*

9 *martes*

10 *miércoles*

CUIDA EL MEDIO AMBIENTE

jueves **11**

viernes **12**

13 *sábado*

domingo **14**

"Ser un espíritu fuerte es más fácil cuando pides
que te recuerden todos los días quién eres."
—Libro *RenaSer*

Organizador semanal

lunes

martes

miércoles

jueves

viernes

fin de semana

Objetivos semanales

- ♡
- ♡
- ♡
- ♡
- ♡
- ♡
- ♡
- ♡

No olvidar

- ♡
- ♡
- ♡
- ♡
- ♡
- ♡
- ♡
- ♡

Menú semanal

Lista de compras

LUNES

MARTES

MIÉRCOLES

JUEVES

VIERNES

SÁBADO

DOMINGO

15 *lunes*

16 *martes*

17 *miércoles*

SUEÑA

jueves **18**

viernes **19**

20 *sábado*

domingo **21**

"Abundancia es tener lo que necesitas cuando lo necesitas, y
obtenerlo de las personas perfectas para ese momento de tu vida."
–Libro *RenaSer*

Organizador semanal

lunes

martes

miércoles

jueves

viernes

fin de semana

Objetivos semanales

- ♡
- ♡
- ♡
- ♡
- ♡
- ♡
- ♡
- ♡

No olvidar

- ♡
- ♡
- ♡
- ♡
- ♡
- ♡
- ♡
- ♡

Menú
semanal

Lista de compras

♡	
♡	
♡	
♡	
♡	
♡	
♡	
♡	
♡	
♡	
♡	
♡	
♡	
♡	
♡	

LUNES

MARTES

MIÉRCOLES

JUEVES

VIERNES

SÁBADO

DOMINGO

22 *lunes*

23 *martes*

24 *miércoles*

SÉ AUTÉNTICO

jueves **25**

viernes **26**

27 *sábado*

domingo **28**

"Sabio es aquel que es libre de la opinión
de los demás por un propósito mayor."
–Libro *RenaSer*

Organizador semanal

lunes

martes

miércoles

jueves

viernes

fin de semana

Objetivos semanales

♡ _____
♡ _____
♡ _____
♡ _____
♡ _____
♡ _____
♡ _____
♡ _____

No olvidar

♡ _____
♡ _____
♡ _____
♡ _____
♡ _____
♡ _____
♡ _____
♡ _____

Menú
semanal

Lista de compras

- ♡
- ♡
- ♡
- ♡
- ♡
- ♡
- ♡
- ♡
- ♡
- ♡
- ♡
- ♡
- ♡
- ♡
- ♡
- ♡
- ♡

LUNES

MARTES

MIÉRCOLES

JUEVES

VIERNES

SÁBADO

DOMINGO

29 *lunes*

30 *martes*

notas

FESTEJA COMO NIÑO

DICIEMBRE

Mensaje de
Arcángel Azrael

No hay necesidad de agitarse, es sólo
un viaje de la conciencia. No has perdido
ni podrás perder nada nunca. La muerte,
como tú la llamas, no puede quitarte nada.
Disfruta el viaje, es sólo eso. Yo te ayudaré
en todo momento, hasta en aquéllos en
los que más temas. Te ayudaré a ver la
luz más grande y a sentir la paz de Dios.
Recuerda mis palabras, al final del camino
sólo podrás sentir un inmenso amor,
supremo y divino.

La práctica de cada mes

¿Qué aprendizaje he adquirido?

♡ _____

_____

_____

♡ _____

_____

_____

♡ _____

_____

_____

♡ _____

_____

_____

♡ _____

_____

_____

♡ _____

_____

_____

♡ _____

_____

_____

NOTAS

diciembre

Lunes	Martes	Miércoles	Jueves
		· 1 ·	· 2 ·
· 6 ·	· 7 ·	· 8 ·	· 9 ·
· 13 ·	· 14 ·	· 15 ·	· 16 ·
· 20 ·	· 21 ·	· 22 ·	· 23 ·
· 27 ·	· 28 ·	· 29 ·	· 30 ·

Gracias este mes a mis Ángeles por: ....
....

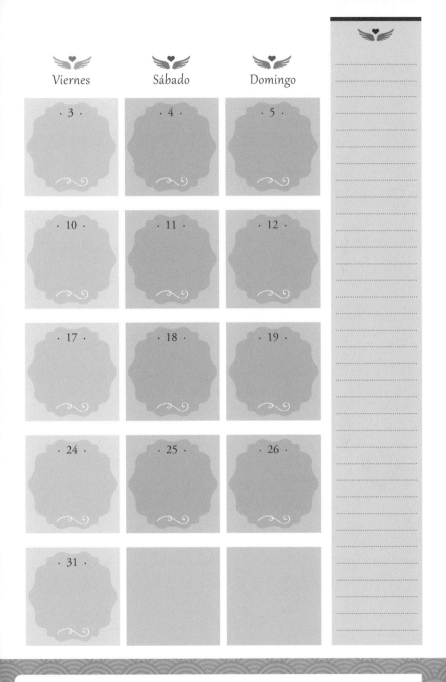

Viernes	Sábado	Domingo
· 3 ·	· 4 ·	· 5 ·
· 10 ·	· 11 ·	· 12 ·
· 17 ·	· 18 ·	· 19 ·
· 24 ·	· 25 ·	· 26 ·
· 31 ·		

Cosas increíbles por hacer: ....
....

notas

1 *miércoles*

jueves **2**

viernes **3**

4 *sábado*

domingo **5**

"Hoy más que nunca, atrévete a ser esa persona
llena de compasión y convicción. ¡Eres imparable!"
–Libro *RenaSer*

Organizador semanal

lunes	martes
miércoles	jueves
viernes	fin de semana

Objetivos semanales

♡ _____
♡ _____
♡ _____
♡ _____
♡ _____
♡ _____
♡ _____
♡ _____

No olvidar

♡ _____
♡ _____
♡ _____
♡ _____
♡ _____
♡ _____
♡ _____
♡ _____

Menú semanal

Lista de compras

- ♡
- ♡
- ♡
- ♡
- ♡
- ♡
- ♡
- ♡
- ♡
- ♡
- ♡
- ♡
- ♡
- ♡
- ♡
- ♡

LUNES

MARTES

MIÉRCOLES

JUEVES

VIERNES

SÁBADO

DOMINGO

6 *lunes*

7 *martes*

8 *miércoles*

COMPROMÉTETE

jueves **9**

viernes **10**

11 *sábado*

domingo **12**

"Sé la presencia, sé la fuerza incontenible del amor, sé el RenaSer."
–Libro *RenaSer*

Organizador semanal

lunes

martes

miércoles

jueves

viernes

fin de semana

Objetivos semanales

♡
♡
♡
♡
♡
♡
♡
♡

No olvidar

♡
♡
♡
♡
♡
♡
♡
♡

Menú
semanal

Lista de compras

♡	
♡	
♡	
♡	
♡	
♡	
♡	
♡	
♡	
♡	
♡	
♡	
♡	
♡	
♡	
♡	
♡	

LUNES

MARTES

MIÉRCOLES

JUEVES

VIERNES

SÁBADO

DOMINGO

diciembre

13 *lunes*

14 *martes*

15 *miércoles*

VISUALIZA NUEVOS SUEÑOS

jueves **16**

viernes **17**

18 *sábado*

domingo **19**

"Recuerda que el amor es, y será,
nuestra fuerza, la que trasciende vidas."
–Libro *RenaSer*

Organizador semanal

lunes

martes

miércoles

jueves

viernes

fin de semana

Objetivos semanales

♡
♡
♡
♡
♡
♡
♡
♡

No olvidar

♡
♡
♡
♡
♡
♡
♡
♡

Menú semanal

Lista de compras

- ♡
- ♡
- ♡
- ♡
- ♡
- ♡
- ♡
- ♡
- ♡
- ♡
- ♡
- ♡
- ♡
- ♡
- ♡

LUNES

MARTES

MIÉRCOLES

JUEVES

VIERNES

SÁBADO

DOMINGO

20 *lunes*

21 *martes*

22 *miércoles*

CREE

jueves **23**

viernes **24**

25 *sábado*

domingo **26**

"Ríndete a lo que llegue sin buscar la forma específica,
de seguro es contestación a lo que pides sin saberlo;
cruza todas las puertas que necesites cruzar."
–Libro *RenaSer*

Organizador semanal

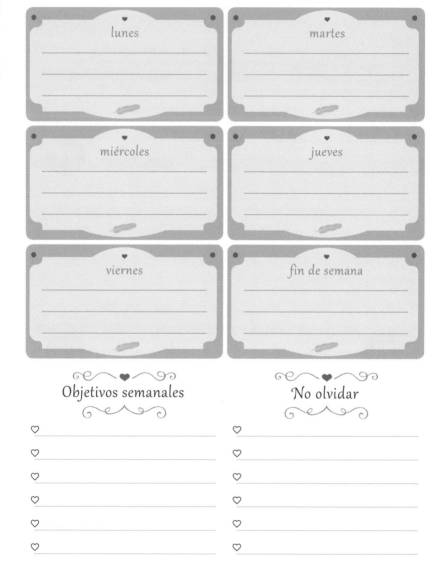

lunes

martes

miércoles

jueves

viernes

fin de semana

Objetivos semanales

♡ _____
♡ _____
♡ _____
♡ _____
♡ _____
♡ _____
♡ _____
♡ _____

No olvidar

♡ _____
♡ _____
♡ _____
♡ _____
♡ _____
♡ _____
♡ _____
♡ _____

Menú semanal

Lista de compras

- ♡
- ♡
- ♡
- ♡
- ♡
- ♡
- ♡
- ♡
- ♡
- ♡
- ♡
- ♡
- ♡
- ♡
- ♡
- ♡

LUNES

MARTES

MIÉRCOLES

JUEVES

VIERNES

SÁBADO

DOMINGO

27 *lunes*

28 *martes*

29 *miércoles*

SÉ LUZ

jueves **30**

viernes **31**

notas

"Afirma hoy: estoy por siempre acompañado
en esta conquista, en la de mí mismo."
–Libro *RenaSer*

Organizador semanal

lunes	martes

miércoles	jueves

viernes	fin de semana

Objetivos semanales

♡ _____
♡ _____
♡ _____
♡ _____
♡ _____
♡ _____
♡ _____
♡ _____

No olvidar

♡ _____
♡ _____
♡ _____
♡ _____
♡ _____
♡ _____
♡ _____
♡ _____

Menú semanal

Lista de compras

- ♡
- ♡
- ♡
- ♡
- ♡
- ♡
- ♡
- ♡
- ♡
- ♡
- ♡
- ♡
- ♡
- ♡
- ♡
- ♡

LUNES

MARTES

MIÉRCOLES

JUEVES

VIERNES

SÁBADO

DOMINGO

TAREAS

- ♡ ....
- ♡ ....
- ♡ ....
- ♡ ....
- ♡ ....
- ♡ ....
- ♡ ....
- ♡ ....
- ♡ ....
- ♡ ....
- ♡ ....
- ♡ ....
- ♡ ....
- ♡ ....
- ♡ ....
- ♡ ....
- ♡ ....
- ♡ ....
- ♡ ....
- ♡ ....
- ♡ ....
- ♡ ....
- ♡ ....
- ♡ ....
- ♡ ....
- ♡ ....
- ♡ ....
- ♡ ....
- ♡ ....
- ♡ ....
- ♡ ....
- ♡ ....
- ♡ ....

- ♥ ....
- ♥ ....
- ♥ ....
- ♥ ....
- ♥ ....
- ♥ ....
- ♥ ....
- ♥ ....
- ♥ ....
- ♥ ....
- ♥ ....
- ♥ ....
- ♥ ....
- ♥ ....
- ♥ ....
- ♥ ....
- ♥ ....
- ♥ ....
- ♥ ....
- ♥ ....
- ♥ ....
- ♥ ....
- ♥ ....
- ♥ ....
- ♥ ....
- ♥ ....
- ♥ ....
- ♥ ....
- ♥ ....
- ♥ ....
- ♥ ....
- ♥ ....
- ♥ ....

TAREAS

- ♡ ....
- ♡ ....
- ♡ ....
- ♡ ....
- ♡ ....
- ♡ ....
- ♡ ....
- ♡ ....
- ♡ ....
- ♡ ....
- ♡ ....
- ♡ ....
- ♡ ....
- ♡ ....
- ♡ ....
- ♡ ....
- ♡ ....
- ♡ ....
- ♡ ....
- ♡ ....
- ♡ ....
- ♡ ....
- ♡ ....
- ♡ ....
- ♡ ....
- ♡ ....
- ♡ ....
- ♡ ....
- ♡ ....
- ♡ ....
- ♡ ....
- ♡ ....

- ♥ ....
- ♥ ....
- ♥ ....
- ♥ ....
- ♥ ....
- ♥ ....
- ♥ ....
- ♥ ....
- ♥ ....
- ♥ ....
- ♥ ....
- ♥ ....
- ♥ ....
- ♥ ....
- ♥ ....
- ♥ ....
- ♥ ....
- ♥ ....
- ♥ ....
- ♥ ....
- ♥ ....
- ♥ ....
- ♥ ....
- ♥ ....
- ♥ ....
- ♥ ....
- ♥ ....
- ♥ ....
- ♥ ....
- ♥ ....
- ♥ ....
- ♥ ....

TAREAS

♡ .... ♥ ....
♡ .... ♥ ....
♡ .... ♥ ....
♡ .... ♥ ....
♡ .... ♥ ....
♡ .... ♥ ....
♡ .... ♥ ....
♡ .... ♥ ....
♡ .... ♥ ....
♡ .... ♥ ....
♡ .... ♥ ....
♡ .... ♥ ....
♡ .... ♥ ....
♡ .... ♥ ....
♡ .... ♥ ....
♡ .... ♥ ....
♡ .... ♥ ....
♡ .... ♥ ....
♡ .... ♥ ....
♡ .... ♥ ....
♡ .... ♥ ....
♡ .... ♥ ....
♡ .... ♥ ....
♡ .... ♥ ....
♡ .... ♥ ....
♡ .... ♥ ....
♡ .... ♥ ....
♡ .... ♥ ....
♡ .... ♥ ....
♡ .... ♥ ....
♡ .... ♥ ....

TAREAS

- ♡ ....
- ♡ ....
- ♡ ....
- ♡ ....
- ♡ ....
- ♡ ....
- ♡ ....
- ♡ ....
- ♡ ....
- ♡ ....
- ♡ ....
- ♡ ....
- ♡ ....
- ♡ ....
- ♡ ....
- ♡ ....
- ♡ ....
- ♡ ....
- ♡ ....
- ♡ ....
- ♡ ....
- ♡ ....
- ♡ ....
- ♡ ....
- ♡ ....
- ♡ ....
- ♡ ....
- ♡ ....
- ♡ ....
- ♡ ....
- ♡ ....
- ♡ ....

- ♥ ....
- ♥ ....
- ♥ ....
- ♥ ....
- ♥ ....
- ♥ ....
- ♥ ....
- ♥ ....
- ♥ ....
- ♥ ....
- ♥ ....
- ♥ ....
- ♥ ....
- ♥ ....
- ♥ ....
- ♥ ....
- ♥ ....
- ♥ ....
- ♥ ....
- ♥ ....
- ♥ ....
- ♥ ....
- ♥ ....
- ♥ ....
- ♥ ....
- ♥ ....
- ♥ ....
- ♥ ....
- ♥ ....
- ♥ ....
- ♥ ....
- ♥ ....

TAREAS

♡ .... ♥ ....
♡ .... ♥ ....
♡ .... ♥ ....
♡ .... ♥ ....
♡ .... ♥ ....
♡ .... ♥ ....
♡ .... ♥ ....
♡ .... ♥ ....
♡ .... ♥ ....
♡ .... ♥ ....
♡ .... ♥ ....
♡ .... ♥ ....
♡ .... ♥ ....
♡ .... ♥ ....
♡ .... ♥ ....
♡ .... ♥ ....
♡ .... ♥ ....
♡ .... ♥ ....
♡ .... ♥ ....
♡ .... ♥ ....
♡ .... ♥ ....
♡ .... ♥ ....
♡ .... ♥ ....
♡ .... ♥ ....
♡ .... ♥ ....
♡ .... ♥ ....
♡ .... ♥ ....
♡ .... ♥ ....
♡ .... ♥ ....
♡ .... ♥ ....

NOTAS E IDEAS

NOTAS E IDEAS

NOTAS e IDEAS

NOTAS E IDEAS

NOTAS E IDEAS

2022

enero

L	M	M	J	V	S	D
					1	**2**
3	4	5	6	7	8	**9**
10	11	12	13	14	15	**16**
17	18	19	20	21	22	**23**
24	25	26	27	28	29	**30**
31						

febrero

L	M	M	J	V	S	D
	1	2	3	4	5	**6**
7	8	9	10	11	12	**13**
14	15	16	17	18	19	**20**
21	22	23	24	25	26	**27**
28						

marzo

L	M	M	J	V	S	D
	1	2	3	4	5	**6**
7	8	9	10	11	12	**13**
14	15	16	17	18	19	**20**
21	22	23	24	25	26	**27**
28	29	30	31			

abril

L	M	M	J	V	S	D
				1	2	**3**
4	5	6	7	8	9	**10**
11	12	13	14	15	16	**17**
18	19	20	21	22	23	**24**
25	26	27	28	29	30	

mayo

L	M	M	J	V	S	D
						1
2	3	4	5	6	7	**8**
9	10	11	12	13	14	**15**
16	17	18	19	20	21	**22**
23	24	25	26	27	28	**29**
30	31					

junio

L	M	M	J	V	S	D
		1	2	3	4	**5**
6	7	8	9	10	11	**12**
13	14	15	16	17	18	**19**
20	21	22	23	24	25	**26**
27	28	29	30			

julio

L	M	M	J	V	S	D
				1	2	**3**
4	5	6	7	8	9	**10**
11	12	13	14	15	16	**17**
18	19	20	21	22	23	**24**
25	26	27	28	29	30	**31**

agosto

L	M	M	J	V	S	D
1	2	3	4	5	6	**7**
8	9	10	11	12	13	**14**
15	16	17	18	19	20	**21**
22	23	24	25	26	27	**28**
29	30	31				

septiembre

L	M	M	J	V	S	D
			1	2	3	**4**
5	6	7	8	9	10	**11**
12	13	14	15	16	17	**18**
19	20	21	22	23	24	**25**
26	27	28	29	30		

octubre

L	M	M	J	V	S	D
					1	**2**
3	4	5	6	7	8	**9**
10	11	12	13	14	15	**16**
17	18	19	20	21	22	**23**
24	25	26	27	28	29	**30**
31						

noviembre

L	M	M	J	V	S	D
	1	2	3	4	5	**6**
7	8	9	10	11	12	**13**
14	15	16	17	18	19	**20**
21	22	23	24	25	26	**27**
28	29	30				

diciembre

L	M	M	J	V	S	D
			1	2	3	**4**
5	6	7	8	9	10	**11**
12	13	14	15	16	17	**18**
19	20	21	22	23	24	**25**
26	27	28	29	30	31	

Despedida

Agradezco junto contigo el año que hoy terminas,
por las bendiciones, las lecciones y las experiencias que
te dejó, pues siguen sumando a la persona que eras ayer
y a tu renaSER. Celebra tus logros y compártelos con
tus seres queridos, ellos han sido parte de tu camino y
de tu crecimiento. No te preocupes por aquello que no has
podido alcanzar, mantente en el río de la abundancia, el que
sabe ir con el flujo y no contracorriente, aprende a flotar y
a ser sostenido. Mantente en la sintonía, tienes por delante
365 nuevas oportunidades para ser feliz. Recuerda la meta
más alta, tu primera misión en la vida es ser feliz.

Antes de cerrar el año, siéntate en silencio e invita a tus
ángeles, pídeles ayuda para recapitular. Aprovecha para
reflexionar sobre los meses pasados y pide guía al Arcángel
con el que te sientas más conectado, aquel cuyo nombre
llegue a ti primero al leer estas palabras, él se hará presente
y te ayudará a ver aquello que más bendiciones te traerá.
¡Las respuestas llegarán a ti fácilmente! Pido para ti
el milagro que más necesites.

¡Te deseo un armonioso, abundante y muy feliz 2022!,
que Dios y sus ángeles te llenen con toda su luz. Gracias
por acompañarme un año más y por ser parte de esta gran
sintonía de amor. ¡Envío ángeles extras a tu lado, sé que
te abrirán todos los caminos!

¡Que así sea, así ya es!

Tania Karam